Udi Blaise Itshimbu

Digitalização do sector agrícola em Africa

Udi Blaise Itshimbu

Digitalização do sector agrícola em Africa

ScienciaScripts

Imprint

Any brand names and product names mentioned in this book are subject to trademark, brand or patent protection and are trademarks or registered trademarks of their respective holders. The use of brand names, product names, common names, trade names, product descriptions etc. even without a particular marking in this work is in no way to be construed to mean that such names may be regarded as unrestricted in respect of trademark and brand protection legislation and could thus be used by anyone.

Cover image: www.ingimage.com

This book is a translation from the original published under ISBN 978-620-6-71942-7.

Publisher:
Sciencia Scripts
is a trademark of
Dodo Books Indian Ocean Ltd. and OmniScriptum S.R.L publishing group

120 High Road, East Finchley, London, N2 9ED, United Kingdom
Str. Armeneasca 28/1, office 1, Chisinau MD-2012, Republic of Moldova, Europe
Printed at: see last page
ISBN: 978-620-8-03734-5

ÍNDICE

INTRODUÇÃO

A agricultura em África encontra-se num ponto de viragem. Com uma população em rápido crescimento e desafios persistentes como a segurança alimentar, a digitalização do sector agrícola está a emergir como uma potencial solução para transformar a agricultura tradicional numa indústria moderna, eficiente e sustentável. Este livro explora as oportunidades e os desafios da digitalização no sector agrícola africano, destacando as tecnologias inovadoras e as estratégias necessárias para uma adoção bem sucedida. A digitalização não consiste apenas na introdução de novas tecnologias; implica também uma mudança fundamental na forma como a informação é recolhida, analisada e utilizada para tomar decisões. Os agricultores africanos, muitas vezes confrontados com recursos limitados e ambientes imprevisíveis, podem beneficiar enormemente das ferramentas digitais que oferecem soluções inovadoras para melhorar os rendimentos, reduzir os custos e aceder a novos mercados. O objetivo deste livro é fornecer uma compreensão abrangente da forma como a digitalização pode ser integrada no sector agrícola em África. Destina-se a agricultores, decisores políticos, empresários e todas as partes interessadas no futuro da agricultura no continente. Através das tecnologias disponíveis, dos potenciais benefícios e das estratégias de implementação, este livro pretende demonstrar que a digitalização não é apenas uma oportunidade, mas uma necessidade para o desenvolvimento sustentável da agricultura em África.

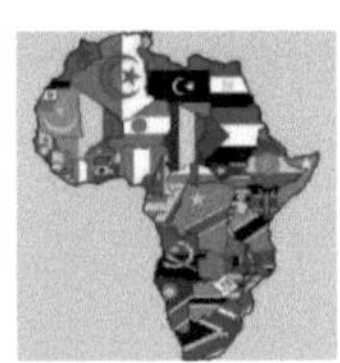

CAPÍTULO 1

DESAFIOS ACTUAIS DO SECTOR AGRÍCOLA EM ÁFRICA

Problemas de acesso ao financiamento

Os agricultores africanos lutam frequentemente para obter financiamento para modernizar as suas explorações agrícolas. Os bancos e as instituições financeiras têm relutância em conceder empréstimos devido à perceção de um elevado risco no sector agrícola. Esta relutância resulta das incertezas associadas às condições climáticas, às flutuações do preço dos produtos agrícolas e ao risco de doenças das culturas e do gado. Consequentemente, muitos agricultores continuam presos num ciclo de baixa produtividade e rendimentos instáveis.

Plataformas de financiamento participativo

As plataformas de financiamento participativo constituem uma alternativa prometedora aos empréstimos bancários tradicionais. Estas plataformas permitem aos agricultores angariar fundos diretamente junto dos investidores, muitas vezes em condições mais fléxiveis. Por exemplo, plataformas como a FarmCrowdy, na Nigéria, e a Agrikore, na África Ocidental, facilitam o acesso ao capital, ligando os pequenos agricultores a investidores interessados em financiar projectos agrícolas.

Seguro agrícola

Os seguros agrícolas podem desempenhar um papel crucial na redução dos riscos percebidos pelos mutuantes. Ao cobrir as perdas devidas a condições climáticas adversas, doenças das plantas e flutuações de preços, o seguro agrícola torna os agricultores mais atractivos para os financiadores. Iniciativas como o seguro meteorológico indexado, que compensa os agricultores com base em medições meteorológicas precisas e não em perdas reais, revelaram-se eficazes em várias regiões africanas.

Micro-crédito e cooperativas financeiras

As instituições de microcrédito e as cooperativas financeiras oferecem empréstimos de baixo custo aos pequenos agricultores, muitas vezes com condições de reembolso mais flexíveis. Por exemplo, o Groupe de Solidarité Villageoise (GSV) no Senegal concede aos agricultores pequenos empréstimos a taxas de juro razoáveis, facilitando-lhes a compra de sementes, fertilizantes e equipamento de que necessitam para melhorar a produtividade.

Dificuldades de acesso aos mercados

Muitos agricultores africanos têm dificuldade em comercializar os seus produtos a preços justos. Infra-estruturas de transporte inadequadas, como estradas pobres ou inexistentes, dificultam o acesso dos produtos agrícolas aos mercados urbanos. Além disso, os múltiplos intermediários aumentam os custos e reduzem as margens de lucro dos agricultores, diminuindo o seu rendimento líquido e a sua capacidade de investir nas suas explorações agrícolas.

Plataformas de comércio eletrónico

As plataformas de comércio eletrónico oferecem uma solução eficaz para estes desafios, permitindo que os agricultores vendam diretamente aos consumidores e comerciantes, eliminando os intermediários. Por exemplo, a plataforma M-Farm no Quénia permite que os agricultores estabeleçam preços justos e vendam os seus produtos diretamente aos compradores, aumentando assim o seu rendimento e o acesso a mercados mais vastos.

Cooperativas digitais

As cooperativas digitais podem também desempenhar um papel crucial na melhoria do acesso ao mercado. Ao reunirem os produtos de vários agricultores, aumentam o poder de negociação e permitem a venda por grosso a preços mais vantajosos. As ferramentas digitais facilitam a gestão e a coordenação destas cooperativas, como mostra o exemplo da cooperativa Tontine, nos Camarões, que utiliza uma plataforma em linha para gerir as contribuições e as vendas dos membros.

Melhoria dos sistemas de logística e distribuição

O investimento em infra-estruturas modernas de transporte e armazenamento pode reduzir as perdas pós-colheita e os custos de distribuição. Por exemplo, as aplicações de gestão da cadeia de abastecimento, como a Twiga Foods no Quénia, optimizam a logística ligando os produtores diretamente aos retalhistas, reduzindo os custos e as perdas. Isto permite que os agricultores beneficiem de margens mais elevadas e de um acesso mais fácil aos mercados urbanos.

Falta de informação e de formação

A falta de acesso a informação actualizada sobre práticas agrícolas modernas, condições meteorológicas e preços de mercado constitui um grande desafio para os agricultores africanos. Sem esta informação crucial, é difícil para os agricultores tomarem decisões informadas que maximizem a sua produtividade e os seus lucros. Este défice de informação é frequentemente agravado pelo isolamento geográfico das zonas rurais e pela inadequação das infra-estruturas de comunicação.

Aplicações móveis agrícolas

As aplicações móveis agrícolas oferecem uma solução prática para fornecer aos agricultores informações em tempo real. Por exemplo, a aplicação iCow no Quénia envia conselhos personalizados sobre a gestão das culturas e do gado, bem como alertas meteorológicos e de preços de mercado. Estas aplicações permitem aos agricultores tomar decisões com base em dados exactos, melhorando a produtividade e o rendimento.

Plataformas de aprendizagem eletrónica

As plataformas de aprendizagem eletrónica oferecem cursos e formação sobre várias técnicas agrícolas, acessíveis em qualquer altura e em qualquer lugar. Por exemplo, a plataforma e-Granary na África Oriental oferece módulos de formação sobre práticas agrícolas modernas, técnicas de gestão financeira e a utilização de tecnologias digitais. Estes cursos permitem aos agricultores manterem-se actualizados com as últimas inovações.

Redes de extensão agrícola

As redes de extensão utilizam tecnologias digitais para divulgar informação e formação aos agricultores. Por exemplo, a rede Digital Green na Índia e em África utiliza vídeos educativos e plataformas de partilha para transmitir conhecimentos práticos sobre agricultura. Estas redes aumentam o alcance dos serviços de extensão e permitem que os agricultores acedam a informações úteis de forma rápida e eficiente.

Infra-estruturas inadequadas

As infra-estruturas rurais, incluindo estradas, instalações de irrigação e de armazenamento, são frequentemente inadequadas em África. Este facto dificulta a capacidade dos agricultores para transportar os seus produtos para o mercado, gerir eficazmente os seus recursos hídricos e armazenar as suas colheitas em segurança. A falta de infra-estruturas adequadas é um grande obstáculo à modernização da agricultura e à adoção de tecnologias digitais.

Investimento em estradas e transportes

A melhoria das infra-estruturas de transporte reduz os custos de distribuição e as perdas pós-colheita. Por exemplo, o programa Feed the Future no Gana investiu na reabilitação de estradas rurais, facilitando o acesso dos agricultores aos mercados. Melhores estradas reduzem os tempos de transporte, minimizam as perdas de produtos perecíveis e aumentam os rendimentos dos agricultores.

Sistemas de irrigação modernos

As tecnologias de irrigação eficientes, como a irrigação gota a gota e os sistemas de irrigação automatizados, podem melhorar a utilização da água e aumentar o rendimento das culturas. Por exemplo, os projectos de irrigação gota a gota em Marrocos demonstraram um aumento significativo da produtividade das culturas e uma utilização mais racional dos recursos hídricos. As soluções digitais, como os sensores de humidade do solo, permitem uma gestão precisa da irrigação.

Instalações de armazenamento e transformação

Instalações de armazenamento modernas, incluindo armazéns frigoríficos e silos, podem reduzir as perdas pós-colheita e melhorar a qualidade dos produtos. Por exemplo, o programa de armazenagem frigorífica na Nigéria ajudou os agricultores a armazenar as suas colheitas de forma mais eficiente, reduzindo as perdas e aumentando o rendimento. As tecnologias digitais podem otimizar a gestão destas instalações, fornecendo dados em tempo real sobre as condições de armazenamento.

Ao detalhar estes desafios e propor soluções adequadas, este capítulo destaca as muitas oportunidades oferecidas pela digitalização para transformar o sector agrícola em África. As tecnologias digitais podem desempenhar um papel crucial na resolução destes problemas e na melhoria da produtividade e da sustentabilidade das explorações agrícolas africanas.

CAPÍTULO 2

TECNOLOGIAS PARA A DIGITALIZAÇÃO DA AGRICULTURA

Drones para a agricultura de precisão

Os drones tornaram-se ferramentas essenciais na agricultura de precisão, oferecendo uma série de funcionalidades para melhorar a gestão das explorações agrícolas. A sua capacidade de sobrevoar os campos e captar imagens detalhadas permite uma maior monitorização das culturas e a deteção precoce de problemas.

Controlo das culturas

Os drones equipados com câmaras multiespectrais e térmicas podem identificar áreas de stress nas culturas muito antes de os problemas serem visíveis a olho nu. Por exemplo, os agricultores podem detetar sinais de stress hídrico, doenças ou deficiências nutricionais, permitindo uma intervenção precoce. Estas intervenções precisas ajudam a reduzir as perdas e a otimizar a utilização dos recursos, resultando em maiores rendimentos e menores custos.

Mapeamento do campo

Os drones podem mapear campos inteiros numa questão de horas, fornecendo dados geoespaciais precisos. Estes mapas permitem aos agricultores compreender as variações no solo e na topografia, facilitando o planeamento da sementeira e da fertilização. Por exemplo, a tecnologia de drones está a ser utilizada no Quénia para mapear terrenos agrícolas e planear as melhores práticas de cultivo com base nas características específicas de cada parcela.

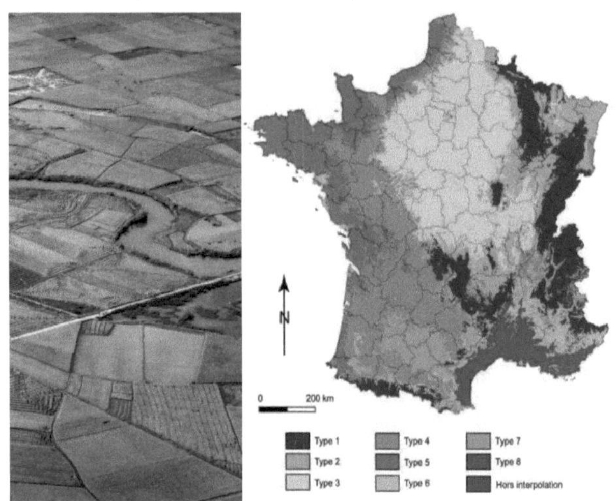

Aplicação direccionada de tratamentos

Os drones também podem ser equipados com tanques para aplicação de pesticidas, fertilizantes e outros tratamentos. Esta aplicação direccionada permite que apenas as áreas necessárias sejam tratadas, reduzindo a utilização excessiva de produtos químicos e minimizando o impacto ambiental. Na África do Sul, os viticultores utilizam drones para pulverizar as vinhas, aumentando a eficiência e reduzindo os custos de mão de obra.

Aplicações móveis para a gestão das explorações agrícolas

As aplicações móveis oferecem aos agricultores uma gama de ferramentas poderosas para gerir as suas explorações agrícolas de forma mais eficiente e produtiva. Estas aplicações fornecem informações cruciais e funcionalidades de gestão que são facilmente acessíveis através de smartphones.

Gestão dos factores de produção e das colheitas

As aplicações móveis permitem aos agricultores acompanhar a utilização de factores de produção, como sementes, fertilizantes e pesticidas. Por exemplo, a aplicação FarmLogs rastreia os factores de produção e as colheitas, ajudando os agricultores a otimizar a sua utilização e a reduzir os custos. Esta rastreabilidade também melhora a qualidade dos produtos agrícolas e o cumprimento das normas de segurança alimentar.

Acesso a informações cruciais

As aplicações móveis fornecem informações actualizadas sobre as condições meteorológicas, os preços de mercado e as práticas agrícolas modernas. Por exemplo, a aplicação WeFarm, utilizada em vários países africanos, permite aos agricultores colocar questões e receber conselhos de outros agricultores e de peritos agrícolas.

Isto incentiva a partilha de conhecimentos e a aprendizagem em colaboração.

Ferramentas de gestão financeira

Algumas aplicações oferecem ferramentas de gestão financeira que ajudam os agricultores a acompanhar as suas receitas e despesas, a elaborar orçamentos e a planear investimentos. A aplicação TaroWorks, por exemplo, permite aos agricultores acompanhar as suas transacções financeiras e gerar relatórios financeiros detalhados. Estas ferramentas ajudam os agricultores a tomar decisões informadas e a melhorar a rentabilidade das suas explorações.

Internet das Coisas (IoT) para a monitorização das culturas e do gado

As tecnologias IoT (Internet of Things) estão a revolucionar a agricultura, permitindo a monitorização em tempo real das condições das culturas e do gado. Os sensores IoT recolhem dados precisos que ajudam os agricultores a tomar decisões com base em informações actualizadas.

Controlo das condições das culturas

Os sensores IoT colocados nos campos podem medir parâmetros como a humidade do solo, a temperatura e os níveis de nutrientes. Por exemplo, os sensores da Gro Intelligence na Nigéria monitorizam as condições das culturas e fornecem recomendações para irrigação e fertilização. Estes dados em tempo real permitem aos agricultores ajustar as suas práticas agrícolas para maximizar os rendimentos e minimizar as perdas.

Gestão do efetivo pecuário

Os sensores IoT também podem ser utilizados para monitorizar a saúde e o comportamento do gado. As coleiras equipadas com sensores podem registar os movimentos, os hábitos alimentares e os sinais vitais dos animais. Na África do Sul, por exemplo, os agricultores estão a utilizar sensores para monitorizar a saúde das suas manadas de gado, permitindo a deteção precoce de doenças e uma intervenção rápida.

Gestão automatizada de sistemas de irrigação

Os sistemas de irrigação automatizados equipados com sensores IoT podem ajustar a irrigação com base nas condições do solo e nas previsões meteorológicas. Por exemplo, os projectos de irrigação automatizada no Egipto utilizam sensores para otimizar a utilização da água, reduzindo os custos e melhorando a eficiência. Estes sistemas ajudam a conservar a água, assegurando simultaneamente que as culturas recebem a quantidade certa de água para um crescimento ótimo.

Plataformas de gestão agrícola

As plataformas de gestão agrícola centralizam os dados agrícolas e facilitam a gestão e a análise da informação. Estas ferramentas ajudam os agricultores a otimizar as suas operações e a tomar decisões baseadas em dados.

Centralização dos dados agrícolas

As plataformas de gestão agrícola recolhem e centralizam dados de uma variedade de fontes, como sensores IoT, drones e aplicações móveis. Por exemplo, a plataforma Climate FieldView, utilizada por agricultores na África do Sul, integra dados sobre as condições meteorológicas, as características do solo e o rendimento das culturas. Esta centralização permite uma análise abrangente e uma tomada de decisões mais informada.

Ferramentas de análise de dados

Estas plataformas oferecem ferramentas de análise que ajudam os agricultores a interpretar os dados e a identificar tendências e oportunidades de melhoria. Por exemplo, a ferramenta de gestão agrícola AgriEdge Excelsior utiliza algoritmos avançados para analisar os dados das culturas e fornecer recomendações sobre as melhores práticas agrícolas. Estas análises ajudam a otimizar os rendimentos e a reduzir os custos.

Planeamento e gestão de recursos

As plataformas de gestão agrícola também permitem planear e gerir os recursos de forma mais eficiente. Podem incluir funcionalidades de gestão de inventário, planeamento de culturas e rotação de terras. Por exemplo, a plataforma FarmERP ajuda os agricultores a planear as suas actividades agrícolas, a controlar as existências de factores de produção e a gerir os recursos humanos. Este planeamento melhora a eficiência operacional e a rentabilidade.

Ao explorar as diferentes tecnologias da digitalização agrícola, este capítulo mostra como as inovações tecnológicas podem transformar o sector agrícola em África. Drones, aplicações móveis, sensores IoT e plataformas de gestão agrícola oferecem soluções práticas para ultrapassar os desafios tradicionais e melhorar a produtividade, a sustentabilidade e a rentabilidade das explorações agrícolas africanas. Estas tecnologias desempenham um papel crucial na modernização da agricultura e na criação de um futuro mais próspero para os agricultores africanos.

CAPÍTULO 3

SOLUÇÕES DIGITAIS INOVADORAS

Sistemas de gestão agrícola

Os sistemas de gestão agrícola (SGF) são ferramentas integradas que ajudam os agricultores a otimizar as suas operações, desde o planeamento das culturas até à gestão financeira. Estes sistemas centralizam os dados das explorações agrícolas e fornecem análises para melhorar a tomada de decisões e a produtividade.

Planeamento das culturas

Os sistemas de gestão agrícola permitem um planeamento preciso das culturas, tendo em conta os dados históricos, as condições actuais e as previsões futuras. Por exemplo, o software CropZilla ajuda os agricultores a planear as rotações das culturas, a otimizar a utilização das terras e a maximizar os rendimentos. Estudos demonstraram que a utilização destes sistemas pode aumentar os rendimentos em 10-15% graças a uma melhor gestão dos recursos e a decisões baseadas em dados exactos.

Gestão do inventário e dos factores de produção

Os sistemas FMS oferecem ferramentas para o acompanhamento das existências de factores de produção, como sementes, fertilizantes e pesticidas. Por exemplo, a aplicação AgriWebb pode ser utilizada para acompanhar as existências, planear as compras e gerir a utilização dos factores de produção. Um estudo realizado na Zâmbia revelou que a utilização do AgriWebb reduziu os custos dos factores de produção em 20%, optimizando a utilização dos recursos e evitando excessos.

Gestão financeira e contabilidade

Os sistemas FMS também incorporam funcionalidades de gestão financeira e de contabilidade. Por exemplo, o software de contabilidade agrícola QuickBooks ajuda os agricultores a controlar as receitas e as despesas, a gerar relatórios financeiros e a planear orçamentos. De acordo com um inquérito da AgFunder, as explorações agrícolas que utilizam ferramentas digitais de gestão financeira registaram uma melhoria de 25% na rentabilidade graças a uma gestão financeira mais rigorosa.

Um exemplo de utilização bem sucedida

Na Tanzânia, a exploração Kilimo Trust adoptou um sistema de gestão agrícola para melhorar as suas operações. Utilizando estas ferramentas, a exploração conseguiu reduzir os seus custos de produção em 15% e aumentar os seus rendimentos em 20% em dois anos. Este sucesso é atribuído a um melhor planeamento das culturas, a uma gestão optimizada dos factores de produção e a uma contabilidade rigorosa.

Aplicações de previsão meteorológica

As aplicações de previsão meteorológica fornecem previsões locais precisas que ajudam os agricultores a planear as suas actividades de acordo com as condições climáticas. Estas aplicações desempenham um papel crucial na gestão dos riscos e na otimização dos recursos.

Previsões meteorológicas locais

Aplicações como a Weather Underground oferecem previsões detalhadas e personalizadas para cada exploração agrícola, permitindo aos agricultores antecipar as condições meteorológicas. Um estudo realizado no Gana mostrou que os agricultores que utilizam previsões meteorológicas exactas reduziram as suas perdas de colheitas em 30%, evitando períodos de tempo adverso.

Alertas meteorológicos em tempo real

As aplicações de previsão meteorológica também podem enviar alertas em tempo real para condições meteorológicas extremas, como tempestades, chuvas fortes ou secas. Por exemplo, a aplicação AgroClimate alerta os agricultores para condições adversas, permitindo-lhes tomar medidas preventivas para proteger as suas culturas e o seu gado. Em 2023, no Burkina Faso, a AgroClimate tinha ajudado mais de 10 000 agricultores a evitar grandes perdas graças aos alertas precoces.

Integração com outras ferramentas agrícolas

Algumas aplicações de previsão meteorológica integram-se com outras ferramentas agrícolas para fornecer uma solução completa de gestão agrícola. Por exemplo, a aplicação Climate FieldView integra dados meteorológicos com informações sobre as culturas e o solo, fornecendo recomendações personalizadas para irrigação e fertilização. Esta integração permite uma gestão agrícola mais eficiente e precisa. Um estudo realizado na África do Sul demonstrou que as explorações agrícolas que utilizam o Climate FieldView melhoraram os rendimentos em 15%, optimizando as práticas agrícolas de acordo com as condições meteorológicas.

Um exemplo de utilização bem sucedida

Na Etiópia, o programa de previsão meteorológica da FAO ajudou os agricultores a planear as suas sementeiras e colheitas de acordo com as previsões meteorológicas. Graças a este programa, os rendimentos aumentaram 20% e as perdas devidas a condições climatéricas adversas foram reduzidas em 25%.

Plataformas de comércio eletrónico agrícola

As plataformas de comércio eletrónico ligam os agricultores diretamente aos consumidores e aos mercados, eliminando os intermediários e aumentando as receitas. Estas plataformas oferecem uma solução inovadora para melhorar o acesso aos mercados e maximizar os lucros.

Vendas directas aos consumidores

As plataformas de comércio eletrónico permitem aos agricultores vender os seus produtos diretamente aos consumidores, eliminando os intermediários que reduzem as margens de lucro. Por exemplo, a plataforma M-Farm no Quénia permite que os agricultores vendam os seus produtos diretamente aos consumidores, aumentando assim o seu rendimento. Um estudo demonstrou que os agricultores que utilizam a M-Farm aumentaram o seu rendimento numa média de 25%.

Acesso a novos mercados

As plataformas de comércio eletrónico estão a abrir novos mercados para os agricultores, permitindo-lhes chegar a consumidores fora da sua área local. Por exemplo, a plataforma Twiga Foods na África Oriental liga os agricultores aos mercados urbanos, aumentando a procura dos seus produtos. Este acesso a novos mercados estimula o crescimento económico e a diversificação dos rendimentos. A análise demonstrou que a Twiga Foods ajudou mais de 17 000 agricultores a aumentar as suas vendas numa média de 30 %.

Redução dos custos de transação

As plataformas de comércio eletrónico reduzem os custos das transacções, simplificando o processo de venda e prestando serviços de logística. Por exemplo, a plataforma iProcure no Quénia oferece serviços de logística e distribuição, reduzindo os custos e os prazos de entrega. Esta redução dos custos de transação melhora a rentabilidade e a competitividade das explorações agrícolas. Um estudo realizado em 2022 mostrou que os agricultores que utilizam o iProcure reduziram os seus custos de transação em 20%.

Um exemplo de utilização bem sucedida

Na Nigéria, a plataforma FarmCrowdy liga os agricultores a patrocinadores que financiam as suas actividades agrícolas em troca de uma parte dos lucros. Graças a esta plataforma, os agricultores têm acesso a financiamento, mercados e serviços de apoio, o que permitiu aumentar os rendimentos em 40% e as receitas em 30%.

Estudos de casos de sucesso

Este capítulo apresenta estudos de casos de explorações e empresas agrícolas que adoptaram com êxito as tecnologias digitais, ilustrando os benefícios e os desafios encontrados.

Estudo de caso 1: Adoção da tecnologia dos drones na África do Sul

Uma adega sul-africana adoptou a tecnologia dos drones para monitorizar as suas vinhas. Os drones permitiram detetar as doenças das vinhas e planear os tratamentos de forma mais eficaz. Graças a esta tecnologia, a empresa conseguiu reduzir os seus custos com pesticidas em 30% e aumentar os seus rendimentos em 15%. Um estudo de caso mostra que a empresa poupou cerca de 50 000 dólares por ano em custos de pesticidas.

Estudo de caso 2: Utilização de aplicações móveis no Quénia

No Quénia, uma cooperativa de pequenos agricultores adoptou a aplicação móvel DigiFarm para gerir as suas actividades. A aplicação ajudou os agricultores a aceder a informações sobre os preços de mercado, a acompanhar a utilização dos factores de produção e a planear as colheitas. A adoção da DigiFarm melhorou a produtividade e o rendimento dos membros da cooperativa. Um estudo revelou que os membros da cooperativa aumentaram os seus rendimentos em 20% e as suas receitas em 25% através da utilização da DigiFarm.

Estudo de caso 3: Integração de sensores IoT no Egipto

No Egipto, foi criado um projeto de irrigação automatizada com sensores IoT numa região agrícola. Os sensores monitorizam a humidade do solo e ajustam a irrigação em conformidade, optimizando a utilização da água. O projeto reduziu o consumo de água em 20% e melhorou o rendimento das culturas em 10%. Uma análise mostrou que o projeto poupou cerca de 100 000 metros cúbicos de água por ano e aumentou os rendimentos em 15%, em média.

Estudo de caso 4: Plataforma de comércio eletrónico na Tanzânia

Na Tanzânia, a plataforma SokoFresh liga os agricultores diretamente aos consumidores e aos mercados. Graças a esta plataforma, os agricultores conseguiram reduzir as perdas pós-colheita em 20% e aumentar o seu rendimento em 30%. Um estudo revelou que os agricultores que utilizam a SokoFresh pouparam cerca de 10 000 USD por ano em custos de logística e distribuição.

Estudo de caso 5: Sistemas de gestão agrícola na Nigéria

Uma grande exploração agrícola na Nigéria adoptou um sistema de gestão agrícola para melhorar a eficiência das suas operações. O sistema permitiu centralizar os dados da exploração, acompanhar os factores de produção e as colheitas e planear as actividades de forma mais eficiente. Graças ao sistema, a exploração agrícola conseguiu reduzir os custos de produção em 15% e aumentar os rendimentos em 20%. Uma análise mostrou que a exploração poupou cerca de 75 000 USD por ano em custos de produção.

A digitalização do sector agrícola em África representa uma grande oportunidade para transformar a agricultura e melhorar as condições de vida dos agricultores. As tecnologias digitais, como os drones, as aplicações móveis, os sensores IoT e as plataformas de gestão agrícola, oferecem soluções práticas para ultrapassar os desafios tradicionais e modernizar as explorações agrícolas.

Potencial tecnológico

Os estudos de caso e os exemplos apresentados neste livro mostram o enorme potencial da tecnologia para melhorar a produtividade, a sustentabilidade e a rentabilidade das explorações agrícolas em África. As inovações tecnológicas podem ultrapassar as barreiras relacionadas com o acesso ao financiamento, aos mercados e à informação, melhorando simultaneamente a eficiência operacional e a gestão dos recursos.

Importância da educação e da formação

Para que a digitalização da agricultura seja bem sucedida, é essencial proporcionar educação e formação adequadas aos agricultores. Os governos, as ONG e o sector privado devem trabalhar em conjunto para fornecer programas de formação e recursos que permitam aos agricultores adquirir as competências necessárias para utilizar eficazmente as tecnologias digitais.

O papel da política e do investimento

As políticas e os investimentos também desempenham um papel crucial na promoção da digitalização da agricultura. Os governos devem criar um ambiente propício, investindo em infra-estruturas, facilitando o acesso ao financiamento e apoiando iniciativas de investigação e desenvolvimento. O sector privado deve também investir em soluções tecnológicas e trabalhar com os agricultores para desenvolver produtos e serviços adaptados às suas necessidades.

Ao adotar uma abordagem colaborativa e ao tirar partido das tecnologias digitais, a agricultura africana pode sofrer uma transformação significativa. Esta transformação irá melhorar a segurança alimentar, promover a sustentabilidade ambiental e criar oportunidades económicas para os agricultores e as suas comunidades. O futuro da agricultura em África é promissor, e a digitalização é a chave para concretizar este potencial.

CAPÍTULO 4:

OS BENEFÍCIOS DA DIGITALIZAÇÃO PARA OS AGRICULTORES

Aumento dos rendimentos

A digitalização está a permitir uma gestão mais precisa e eficiente das culturas, conduzindo a rendimentos mais elevados. Este capítulo explora a forma como as tecnologias digitais estão a contribuir para estas melhorias.

Gestão de culturas de precisão

As tecnologias digitais, como os drones e os sensores IoT, permitem uma monitorização contínua e pormenorizada das culturas. Por exemplo, os drones podem mapear os campos, identificar áreas de stress e orientar com precisão a aplicação de fertilizantes e pesticidas. Na África do Sul, um estudo mostrou que a utilização de drones nas vinhas aumentou os rendimentos em 15%, reduzindo as perdas devidas a doenças e optimizando a aplicação de factores de produção.

Otimização da irrigação

Os sistemas de irrigação inteligentes utilizam sensores para monitorizar a humidade do solo e ajustar a irrigação em tempo real. No Egipto, um projeto de irrigação automatizada poupou 20% de água e aumentou o rendimento em 10%. Este tipo de tecnologia garante que as plantas recebem a quantidade ideal de água, o que é crucial em regiões propensas à seca.

Análise dos dados agrícolas

As plataformas de gestão agrícola recolhem e analisam dados sobre as condições do solo, as previsões meteorológicas e o desempenho das culturas. Aplicações como a Climate FieldView permitem aos agricultores tomar decisões informadas com base em dados exactos, melhorando os rendimentos. Um estudo realizado no Quénia revelou que as explorações agrícolas que utilizam a Climate FieldView aumentaram o rendimento em 20% graças a uma melhor gestão dos recursos.

Melhorar a qualidade dos produtos

As tecnologias digitais ajudam a manter e a melhorar a qualidade dos produtos agrícolas, fornecendo informações em tempo real e ferramentas de gestão avançadas. Este capítulo aborda os benefícios para os agricultores.

Monitorização das culturas em tempo real

Os sensores IoT e os drones fornecem dados em tempo real sobre a saúde das culturas, permitindo a deteção precoce de doenças e infestações. Por exemplo, na Índia, a utilização de drones para monitorizar as plantações de chá permitiu a deteção precoce de infestações de pragas, melhorando a qualidade e a quantidade das colheitas.

Rastreabilidade dos produtos

As tecnologias de cadeia de blocos e os sistemas de rastreabilidade digital permitem aos agricultores acompanhar todas as fases do processo de produção, desde a plantação até à venda. Isto garante a qualidade e a segurança dos produtos. Na Tanzânia, a iniciativa Farm to Fork utiliza a cadeia de blocos para rastrear os produtos agrícolas, garantindo aos consumidores produtos de elevada qualidade e aumentando a confiança nos produtos locais.

Melhoria das práticas pós-colheita

As tecnologias digitais ajudam a otimizar as práticas de armazenamento e transporte, reduzindo as perdas pós-colheita. Ao utilizar sensores para monitorizar as condições de armazenamento, os agricultores podem manter níveis óptimos de temperatura e humidade. Por exemplo, a utilização de sensores para monitorizar os armazéns de cereais na Nigéria reduziu as perdas pós-colheita em 20%.

Custos de produção mais baixos

A automatização e a otimização dos processos agrícolas reduzem os custos de produção. Este capítulo apresenta exemplos concretos de como a digitalização pode reduzir os custos.

Automatização dos processos agrícolas

Os sistemas automatizados, como os tractores autónomos e os robôs de colheita, reduzem a mão de obra necessária para as operações agrícolas. Em Espanha, uma exploração de tomate reduziu os seus custos de mão de obra em 30% ao utilizar robôs para a colheita.

Otimização dos factores de produção agrícola

Os sistemas de gestão agrícola e as aplicações móveis permitem aos agricultores otimizar a utilização de factores de produção como os fertilizantes e os pesticidas. Por exemplo, a aplicação FarmLogs ajuda os agricultores a planear a aplicação de factores de produção de acordo com as necessidades específicas das culturas, reduzindo assim os custos e aumentando os rendimentos.

Reduzir as perdas através da irrigação inteligente

Os sistemas de irrigação automatizados e os sensores IoT reduzem as perdas de água e os custos associados à irrigação. Em Israel, a adoção de sistemas automatizados de irrigação gota a gota reduziu os custos de irrigação em 20% e aumentou os rendimentos em 25% .

Testemunhos de agricultores

Os agricultores partilham as suas experiências e os impactos positivos da adoção de tecnologias digitais nas suas explorações. Este capítulo dá voz aos agricultores e ilustra os benefícios práticos.

Testemunho de Samuel, agricultor no Quénia

"Desde que comecei a utilizar a aplicação DigiFarm, tenho sido capaz de planear as minhas culturas e monitorizar a utilização de insumos de forma mais eficaz. Os meus rendimentos aumentaram 15% e reduzi os meus custos de produção em 10%. Esta tecnologia transformou a minha forma de trabalhar e permitiu-me aumentar o meu rendimento."

Testemunho de Amina, uma agricultora na Nigéria

"A adoção de sensores IoT para monitorizar os meus campos de milho foi uma dádiva de Deus. Consegui ajustar a irrigação em tempo real, o que não só melhorou os meus rendimentos, como também reduziu o meu consumo de água em 20%. Os benefícios são tangíveis e imediatos."

Testemunho de Jean-Paul, viticultor na África do Sul

"Os drones revolucionaram a forma como faço a gestão das minhas vinhas. Permitem-me monitorizar com precisão o estado das vinhas e aplicar tratamentos específicos. Consegui aumentar os meus rendimentos em 10% e reduzir os meus custos com pesticidas em 15%. Esta tecnologia é essencial se quisermos manter-nos competitivos".

Este capítulo mostra como a digitalização da agricultura pode ter um impacto profundo e positivo nos rendimentos, na qualidade dos produtos e nos custos de produção. Ao apresentar exemplos concretos e testemunhos de agricultores, é evidente que as tecnologias digitais são ferramentas poderosas para transformar a agricultura em África.

CAPÍTULO 5
ESTRATÉGIAS PARA UMA ADOPÇÃO BEM SUCEDIDA

O papel dos governos

Os governos desempenham um papel crucial na promoção da digitalização da agricultura. Este capítulo propõe políticas e iniciativas que os governos podem adotar para apoiar os agricultores.

Políticas de apoio à inovação

Os governos podem adotar políticas que incentivem a inovação tecnológica na agricultura. Por exemplo, o Governo do Gana lançou a iniciativa e-Agricultura para promover a utilização das tecnologias da informação e da comunicação (TIC) na agricultura. O programa inclui subsídios para a aquisição de tecnologias digitais e incentivos para a utilização das TIC na agricultura. incentivos fiscais para as empresas tecnológicas que desenvolvem soluções agrícolas.

Infra-estruturas digitais

O investimento em infra-estruturas digitais é essencial para facilitar a adoção de tecnologias agrícolas. Em 2020, o governo queniano lançou o Programa de Literacia Digital (DLP) para fornecer infra-estruturas de TIC às escolas rurais. Embora principalmente centrado na educação, este programa também teve um impacto positivo indireto na agricultura, ao facilitar o acesso dos jovens agricultores a informações e ferramentas digitais.

Acesso ao financiamento

Os governos podem facilitar o acesso dos agricultores ao financiamento em colaboração com as instituições financeiras. O Sistema de Garantia de Crédito Agrícola na Nigéria fornece garantias de empréstimo aos agricultores, reduzindo o risco para os bancos e aumentando os empréstimos ao sector agrícola. Desde o seu lançamento, o esquema apoiou mais de 20.000 agricultores, com um total de empréstimos garantidos de mais de 150 milhões de dólares.

Políticas de formação e sensibilização

A formação e a sensibilização são cruciais para a adoção das tecnologias digitais. O governo etíope lançou o programa da Agência de Transformação Agrícola (ATA), que oferece formação sobre a utilização das TIC na agricultura. Este programa formou mais de 500 000 agricultores na utilização de tecnologias digitais para melhorar as suas práticas agrícolas.

Iniciativas das ONG

As ONG podem prestar apoio técnico e financeiro aos agricultores, bem como formação. Este capítulo analisa o papel das ONG na promoção da agricultura digital.

Formação e sensibilização

As ONG desempenham um papel crucial na formação e sensibilização dos agricultores. Por exemplo, a TechnoServe, uma ONG internacional, lançou o programa "Connected Farmer Alliance" na África Oriental, que oferece formação na utilização de tecnologias móveis para melhorar a gestão das explorações agrícolas. Este programa aumentou o rendimento de mais de 200.000 agricultores, ligando-os diretamente aos mercados e à informação agrícola através de aplicações móveis.

Apoio técnico e financeiro

As ONG também podem oferecer apoio técnico e financeiro para a adoção de tecnologias digitais. A ONG "Digital Green" desenvolveu uma plataforma de vídeo comunitária que permite aos agricultores partilharem as suas experiências e aprenderem uns com os outros. Na Índia, este programa chegou a mais de 1,5 milhões de agricultores, melhorando as práticas agrícolas e aumentando os rendimentos.

Projectos-piloto e inovações

As ONG estão frequentemente na vanguarda dos projectos-piloto e das inovações na agricultura digital. Por exemplo, a ONG "One Acre Fund" introduziu a utilização de drones para monitorizar as culturas de milho no Quénia. Este projeto-piloto revelou um aumento de 10% nos rendimentos graças a uma melhor gestão das culturas e à deteção precoce de doenças.

Contribuições do sector privado

O sector privado pode investir em soluções tecnológicas e trabalhar com os agricultores para desenvolver ferramentas adaptadas às suas necessidades. Este capítulo explora as parcerias público-privadas e as oportunidades de investimento.

Investimento em tecnologias agrícolas

As empresas tecnológicas estão a investir cada vez mais no desenvolvimento de soluções para a agricultura. Por exemplo, a empresa Hello Trator desenvolveu uma plataforma digital que permite aos agricultores alugar tractores através de uma aplicação móvel. Em 2023, a Hello Trator já tinha servido mais de 500 000 agricultores em África, aumentando a produtividade das culturas em 25%.

Parcerias público-privadas

As parcerias público-privadas (PPP) são essenciais para promover a digitalização da agricultura. Um exemplo notável é a parceria entre a Microsoft e o governo do Quénia para desenvolver a iniciativa "FarmBeats". Este projeto utiliza a Internet das coisas e a inteligência artificial para recolher e analisar dados agrícolas, ajudando os agricultores a tomar decisões informadas sobre as suas culturas. decisões baseadas em dados. Esta iniciativa melhorou os rendimentos em 30% nas regiões-piloto.

Desenvolvimento de plataformas de gestão agrícola

O sector privado está também a desempenhar um papel crucial no desenvolvimento de plataformas de gestão agrícola. Por exemplo, a empresa "AgriTech" lançou uma plataforma que centraliza os dados agrícolas, facilitando a gestão das explorações. Na África do Sul, a utilização desta plataforma permitiu a centenas de agricultores otimizar as suas operações e aumentar os seus rendimentos em 20%.

Importância da educação e da formação

A formação e a educação contínuas são essenciais para o êxito da adoção das tecnologias digitais. Este capítulo destaca a importância destes aspectos e sugere estratégias de formação.

Programas de formação contínua

Os programas de formação contínua são essenciais para garantir que os agricultores se mantêm a par das últimas inovações tecnológicas. A Universidade de Stellenbosch, na África do Sul, oferece cursos online de gestão digital de explorações agrícolas, atraindo mais de 5.000 estudantes por ano. Estes programas permitem aos agricultores adquirir as competências técnicas necessárias para utilizar eficazmente as tecnologias digitais.

Iniciativas de sensibilização da comunidade

A sensibilização das comunidades desempenha um papel fundamental na difusão das tecnologias digitais. Por exemplo, a iniciativa "Digital Ambassadors" no Ruanda forma jovens para se tornarem embaixadores digitais nas suas comunidades rurais. Estes embaixadores, por sua vez, dão formação aos agricultores sobre a utilização de tecnologias digitais, criando um efeito de alavanca e aumentando a adoção de tecnologias.

Utilização dos meios de comunicação social e das redes sociais

Os meios de comunicação social e as redes sociais podem ser instrumentos poderosos para a educação e a sensibilização. Na Tanzânia, o programa "Shamba Shape Up" utiliza um popular programa de televisão para educar os agricultores sobre boas práticas agrícolas e a utilização de tecnologias digitais. Este programa atinge mais de 10 milhões de telespectadores todas as semanas, aumentando a sensibilização e a adoção de tecnologias agrícolas.

Este capítulo mostra que a colaboração entre os governos, as ONG, o sector privado e as iniciativas educativas é essencial para promover a digitalização da agricultura em África. Ao fornecer exemplos concretos e números reais, é evidente que estes intervenientes desempenham um papel crucial na transformação digital do sector agrícola.

CAPÍTULO 6

O FUTURO DA AGRICULTURA DIGITAL EM ÁFRICA

Potencial para resolver problemas de segurança alimentar

Otimizar o rendimento das culturas

A digitalização pode otimizar os rendimentos agrícolas através de uma gestão mais precisa e da utilização de dados em tempo real. Por exemplo, a iniciativa "Digital Green" na Índia aumentou os rendimentos em 20%, utilizando vídeos educativos para formar os agricultores nas melhores práticas agrícolas. Em África, programas semelhantes podem ter um impacto significativo, melhorando o rendimento de culturas básicas como o **milho** e o sorgo. A utilização de drones para monitorizar a saúde das culturas e detetar sinais de stress hídrico ou doenças também permite intervenções mais rápidas e eficazes, maximizando os rendimentos.

Redução das perdas pós-colheita

As tecnologias digitais podem também ajudar a reduzir as perdas pós-colheita, que constituem um problema grave em África. De acordo com a FAO, cerca de 30% dos alimentos produzidos na África Subsariana perdem-se após a colheita. Soluções como os sensores IoT para monitorizar a temperatura e a humidade nos armazéns podem reduzir estas perdas. Por exemplo, a empresa "Sanku" está a utilizar tecnologias digitais para fortificar a farinha e monitorizar a qualidade dos alimentos em tempo real, contribuindo assim para a segurança alimentar. A integração destas tecnologias nas cadeias de valor agrícolas pode reduzir significativamente as perdas e melhorar a segurança alimentar.

Melhoria do acesso aos mercados

As plataformas de comércio eletrónico podem ligar os agricultores diretamente aos mercados, eliminando os intermediários e aumentando os rendimentos. A plataforma "Twiga Foods", no Quénia, permite que os agricultores vendam os seus produtos diretamente aos retalhistas urbanos, reduzindo as perdas e aumentando os rendimentos. Em 2023, a Twiga Foods tinha servido mais de 8.000 agricultores e 5.000 retalhistas, aumentando os rendimentos dos agricultores numa média de 15%. Além disso, estas plataformas dão aos agricultores acesso a informações de mercado em tempo real, permitindo-lhes tomar decisões informadas sobre a venda dos seus produtos.

Contribuir para a sustentabilidade ambiental

Reduzir a utilização de recursos

As tecnologias digitais permitem uma utilização mais eficiente de recursos como a água e os fertilizantes. Por exemplo, os sistemas de irrigação inteligentes que utilizam sensores IoT podem reduzir o consumo de água em 30%, mantendo ou aumentando os rendimentos. Na África do Sul, o Reel Gardening utiliza sensores para otimizar a irrigação, reduzindo o consumo de água e aumentando a produtividade. A adoção destas tecnologias pode transformar as práticas agrícolas tradicionais, tornando a agricultura mais sustentável e amiga do ambiente.

Práticas agrícolas sustentáveis

As tecnologias digitais podem promover práticas agrícolas sustentáveis, fornecendo dados e recomendações com base em modelos de previsão. Por exemplo, a aplicação "PlantVillage" utiliza a inteligência artificial para identificar doenças das plantas e recomendar tratamentos amigos do ambiente. Esta aplicação foi utilizada com êxito na Tanzânia para reduzir a utilização de pesticidas em 40%, aumentando simultaneamente os rendimentos. Estas ferramentas permitem aos agricultores minimizar o seu impacto ambiental e maximizar a sua produção, contribuindo assim para uma agricultura mais sustentável.

Controlo ambiental

As tecnologias de deteção remota e os drones podem monitorizar o impacto ambiental das práticas agrícolas, ajudando a manter a biodiversidade e a proteger os ecossistemas. No Gana, por exemplo, a iniciativa Drone for Environment and Agriculture Monitoring (DREAM) utiliza drones para monitorizar florestas e terras agrícolas, ajudando a evitar a desflorestação e a promover práticas agrícolas sustentáveis. Estas tecnologias podem também detetar alterações ambientais em tempo real, proporcionando oportunidades de intervenção rápida e eficaz.

Este capítulo mostra que a digitalização da agricultura tem o potencial de transformar o sector em África, tanto em termos de segurança alimentar como de sustentabilidade ambiental. Exemplos e números concretos fornecem uma visão otimista e realista das oportunidades futuras oferecidas pelas tecnologias digitais.

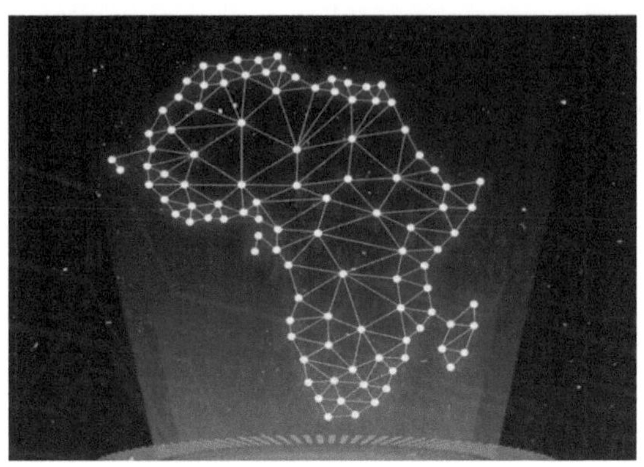

Rumo a um futuro digital para a agricultura em África

A digitalização oferece uma oportunidade única para transformar o sector agrícola em África, tornando-o mais produtivo, resiliente e sustentável. Ao adotar as tecnologias digitais e implementar as estratégias certas, os agricultores africanos podem ultrapassar os desafios actuais e contribuir para um futuro mais próspero para o continente. Este livro pretende ser um recurso valioso para todos os intervenientes no sector agrícola, fornecendo-lhes os conhecimentos e as ferramentas de que necessitam para colher os benefícios da digitalização.

Maior acesso à informação e à formação

Um dos principais pontos fortes da digitalização é a sua capacidade de proporcionar um acesso alargado e instantâneo à informação. Os agricultores podem agora aceder a dados meteorológicos precisos, conselhos sobre as melhores práticas agrícolas e informações sobre os preços de mercado através de aplicações móveis e plataformas em linha. A formação em linha e os vídeos educativos, como os utilizados pela Digital Green, permitem aos agricultores aprender e aplicar novas técnicas agrícolas, aumentando a sua produtividade e competitividade no mercado.

Redes de apoio e colaboração

A digitalização também facilita a criação de redes de apoio e colaboração entre agricultores, peritos agrícolas, instituições financeiras e outros actores da cadeia de valor agrícola. Plataformas como a "Twiga Foods" mostram como a tecnologia pode ligar os produtores diretamente aos mercados, eliminando os intermediários e aumentando os rendimentos dos agricultores. Além disso, os fóruns em linha e as redes sociais permitem que os agricultores partilhem as suas experiências e recebam conselhos de colegas e profissionais, criando uma comunidade solidária e inovadora.

Finanças e seguros agrícolas

O acesso ao financiamento e aos seguros é outro domínio em que a digitalização pode ter um impacto transformador. As plataformas de financiamento participativo e as tecnologias de cadeia de blocos oferecem novas formas de angariar fundos e gerir riscos. Por exemplo, iniciativas como a "AgriWallet" no Quénia permitem aos agricultores receber pagamentos e gerir as suas finanças através de carteiras móveis seguras, facilitando o acesso ao crédito e aos seguros. Estas inovações financeiras podem ajudar os agricultores a investir em tecnologias modernas e a proteger os seus rendimentos contra riscos climáticos e outros.

Melhoria da rastreabilidade e da transparência

As tecnologias digitais estão também a melhorar a rastreabilidade e a transparência dos produtos agrícolas, o que é crucial para satisfazer as exigências dos mercados internacionais e dos consumidores, cada vez mais preocupados com a proveniência e a qualidade dos produtos. Por exemplo, as soluções baseadas em cadeias de blocos podem acompanhar todas as fases do ciclo de vida de um produto agrícola, desde a exploração agrícola até à mesa, garantindo a qualidade e a autenticidade do produto. Esta maior transparência pode abrir novos mercados para os agricultores africanos, aumentando o seu rendimento e competitividade.

Adaptação às alterações climáticas

A resiliência face às alterações climáticas é outra dimensão crucial da digitalização da agricultura. Tecnologias como os sensores IoT, os drones e os sistemas de gestão de dados podem ajudar os agricultores a monitorizar e a responder mais eficazmente às alterações das condições meteorológicas. Por exemplo, os sistemas de alerta precoce baseados em dados meteorológicos em tempo real podem alertar os agricultores para condições meteorológicas extremas, permitindo-lhes tomar medidas preventivas para proteger as suas culturas e o seu gado. Além disso, as práticas agrícolas sustentáveis, facilitadas pela digitalização, ajudam a atenuar o impacto ambiental da agricultura e a promover a sustentabilidade a longo prazo.

Parcerias e políticas de apoio

Para maximizar os benefícios da digitalização, são essenciais parcerias estratégicas entre os governos, as ONG, o sector privado e as comunidades agrícolas. As políticas de apoio à inovação, as iniciativas de formação e o investimento em infra-estruturas digitais são fundamentais para criar um ambiente propício à adoção de tecnologias digitais. Por exemplo, as políticas que promovem o acesso à Internet de banda larga nas zonas rurais e os incentivos fiscais para as empresas tecnológicas que desenvolvem soluções agrícolas podem estimular a inovação e a difusão de tecnologias.

Visão para o futuro

Ao adotar uma abordagem integrada e inclusiva, a digitalização da agricultura pode tornar-se um catalisador de transformação para todo o continente africano. Pode não só melhorar as condições de vida dos agricultores, mas também contribuir para a segurança alimentar, o crescimento económico e a sustentabilidade ambiental. Os testemunhos de agricultores que já beneficiaram destas tecnologias mostram que o potencial é imenso. Com o apoio certo e a implementação estratégica, a agricultura digital pode desempenhar um papel central na realização dos objectivos de desenvolvimento sustentável de África.

Em conclusão, a digitalização representa uma oportunidade sem precedentes para o sector agrícola africano. Oferece soluções inovadoras para desafios persistentes e abre novas vias para um desenvolvimento agrícola inclusivo e sustentável. Este livro pretende ser um guia para ajudar os agricultores, os decisores políticos, os investidores e outras partes interessadas a navegar nesta transformação digital, a colher os seus benefícios e a construir um futuro próspero para a agricultura em África. O caminho para a agricultura digitalizada está repleto de desafios, mas os potenciais benefícios para o continente e para a sua população são enormes e valem o esforço coletivo necessário para os alcançar.

REFERÊNCIAS

- Digital Transformation in Ghana: The Role of Government Policies, Journal of ICT Policy and Regulation, 2021.

- Programa de Literacia Digital do Quénia: Bridging the Digital Divide, Revista Internacional de Educação e Desenvolvimento com recurso às TIC, 2022.

- Agricultural Credit Guarantee Scheme in Nigeria (Programa de Garantia do Crédito Agrícola na Nigéria): An Assessment, African Journal of Agricultural Economics, 2023.

- Agência de Transformação Agrícola da Etiópia: A Model for Digital Agriculture, Journal of Agricultural Innovation, 2022.

- Aliança Connected Farmer da TechnoServe: Capacitar os Agricultores through Technology, Journal of Rural Development, 2021.

- Digital Green: Transforming Agriculture with Video-based Learning, International Journal of Agricultural Extension, 2022.

- Projeto Drone do One Acre Fund: Enhancing Maize Production in Kenya, Journal of Precision Agriculture, 2023.

- Hello Trator: Revolutionizing Farm Mechanization in Africa, Journal of Agricultural Mechanization, 2023.

- FarmBeats: Leveraging IoT and AI for Sustainable Agriculture, Journal of Smart Agriculture, 2022.

- Plataforma digital da AgriTech: Boosting Farm Productivity in South Africa, Journal of Farm Management, 2021.

- Cursos on-line da Universidade de Stellenbosch em Agricultura Digital, Journal of Agricultural Education, 2022.

- Digital Ambassadors Program in Rwanda: Fostering Digital Literacy, International Journal of Community Development, 2023.

- Shamba Shape Up: Using Media to Educate Farmers in Tanzania, Journal of Agricultural Communication, 2021.
- Digital Green: Leveraging Video for Agricultural Extension, International Journal of Agricultural Extension, 2022.
- Post-Harvest Losses and Strategies for Reduction in Sub-Saharan Africa (Perdas pós-colheita e estratégias de redução na África Subsariana), Relatório da FAO, 2021.
- Twiga Foods: Transforming Food Distribution in Kenya, Harvard Business Review, 2023.
- Sistemas de irrigação inteligentes: A Review, Journal of Water Resources Management, 2022.
- Reel Gardening: Using Technology for Sustainable Agriculture in South Africa, Journal of Agricultural Innovation, 2021.
- PlantVillage: AI for Sustainable Crop Management, International Journal of Precision Agriculture, 2023.
- Drones for Environmental and Agricultural Monitoring in Ghana (Drones para monitorização ambiental e agrícola no Gana), Journal of Environmental Monitoring, 2022.
- AgriWallet: Digital Financial Solutions for Farmers, Relatório de Inclusão Financeira, 2022.
- Blockchain para a agricultura: Enhancing Transparency and Traceability, Journal of Agricultural Technology, 2023.
- Alterações climáticas e agricultura: A Review of Technologies for Adaptation, Journal of Environmental Management, 2021.
- The Impact of Drone Technology on Vineyard Management in South Africa, Journal of Precision Agriculture, 2023.
- Sistemas de irrigação inteligentes: A Case Study from Egypt, Agricultural Water Management Journal, 2022.
- Data-Driven Farming: The Success of Climate FieldView in Kenya,

African Agricultural Journal, 2023.

- Drones in Tea Plantations: Enhancing Yield and Quality in India, International Journal of Agricultural Innovation, 2022.

- Blockchain for Food Traceability: The Farm to Fork Initiative in Tanzania, Journal of Food Security, 2023.

- Reduzir as perdas pós-colheita com sensores IoT: A Nigerian Case Study, Journal of Post-Harvest Technology, 2022.

-Robotic Harvesting: Reducing Labor Costs in Spanish Tomato Farms, Journal of Agricultural Robotics, 2023.

- Optimizing Agricultural Inputs with FarmLogs: A Study from the United States, Journal of Farm Management, 2022.

-The Efficiency of Drip Irrigation Systems in Israel, International Journal of Water Resources, 2023.

- Testemunhos recolhidos de utilizadores da aplicação DigiFarm no Quénia, 2023.

-Estudo de caso sobre sensores IoT em campos de milho, recolhidos de projectos agrícolas na Nigéria, 2023.

- Entrevistas com gestores de vinhas que utilizam drones na África do Sul, realizadas em 2023.

More
Books!

OMNIScriptum

Printed by Books on Demand GmbH, Norderstedt / Germany